ACHILLE LECLÈRE

PARIS — IMPRIMÉ CHEZ BONAVENTURE ET DUCESSOIS,

55, quai des Augustins.

NOTICE

SUR LA VIE ET LES TRAVAUX

DE M.

ACHILLE LECLÈRE

ARCHITECTE, MEMBRE DE L'INSTITUT

PAR

ADOLPHE LANCE

PARIS

LIBRAIRIE D'ARCHITECTURE DE B. BANCE

Rue Bonaparte, 13, en face l'École des Beaux-Arts.

1854

NOTICE

SUR LA VIE ET LES TRAVAUX

DE M.

ACHILLE LECLÈRE[1]

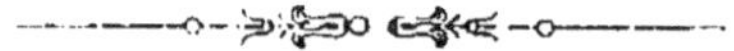

Achille-François-René Leclère naquit à Paris, le 29 octobre 1785. Destiné de bonne heure à suivre la même carrière que son père qui était architecte, il fut placé par celui-ci auprès de Durand qui remplissait alors les fonctions de professeur d'architecture à l'École polytechnique. Mais Durand, si l'on en juge par les travaux graphiques qu'il a laissés, était trop peu inspiré lui-même pour être capable de faire naître l'inspiration chez les autres. Le jeune Leclère reconnut bientôt ou, si l'on veut, devina cette insuffisance. Ne trouvant pas dans les leçons du professeur ce que ses inclinations le portaient à rechercher, il abandonna son école et, sans en rien dire à son père, se

[1] Extrait de l'*Encyclopédie d'Architecture*, journal mensuel, paraissant chaque mois par livraison de 10 planches gravées publiées sous la direction de M. Victor Calliat, avec texte de 16 colonnes in-4° redigé par M. Adolphe Lance.

présenta seul à l'âge de seize ans chez M. Percier, pour lui demander à être admis au nombre de ses élèves. C'était frapper à la bonne porte. Le grand artiste, si bienveillant en général pour la jeunesse, accueillit avec une sympathie particulière ce jeune homme, cet enfant à la mine intelligente, qui venait si résolûment et si simplement se confier à sa direction. Il lui ouvrit son atelier déjà célèbre, et lui promit ses conseils et ses leçons. L'influence du maître ne tarda pas à se faire sentir ; les études d'Achille Leclère furent marquées par une suite de succès ; il obtint dans les concours de l'école d'architecture un grand nombre de médailles ; il fut reçu en loges dès 1806, et mérita la seconde couronne en 1807 (l'année d'Huyot) sur un projet de *palais pour l'éducation de jeunes princes*. Enfin, en 1808, à l'âge de vingt-trois ans, Leclère remporta le premier grand prix sur un projet de *bains publics pour une grande capitale;* succès d'autant plus éclatant que le concours de 1808 fut très-fort, et que le vainqueur dut être considéré comme bien jeune à une époque où, en général, les élèves ne pouvaient guère parvenir à ce but si désiré, quand ils y parvenaient, qu'au moment d'atteindre la limite d'âge fixé par les règlements de l'École. En effet, le projet couronné, conçu et rendu d'une manière remarquable, eut l'approbation unanime, non-seulement des professeurs, juges du concours, mais ce qui peut-être était plus significatif encore, des concurrents eux-mêmes. Aussi le succès de Leclère

n'excita-t-il d'autre envie que celle bien légitime
d'imiter, autant que chacun en était capable, l'exem-
ple donné par un camarade, par un ami au mérite
duquel tous aimaient à rendre justice, et qui était
devenu un sujet d'orgueil pour son atelier et, on peut
le dire, pour l'école tout entière.

Achille Leclère partit pour Rome dans le mois de
novembre 1808, en compagnie de Mazois, qui devait
plus tard se faire connaître si avantageusement par
ses travaux et ses publications sur les ruines de Pom-
péi, et les deux amis arrivèrent à la villa Médicis le
12 décembre suivant.

Ainsi se réalisait pour Achille Leclère le rêve de
toute sa jeunesse. Il voyait enfin de ses yeux cette
belle Italie, qu'il avait tant de fois aperçue à travers
le prisme de sa jeune imagination, qu'il aimait pas-
sionnément avant de la connaître et dont la posses-
sion, si l'on peut dire ainsi, lui était assurée pour
cinq des plus belles années de sa vie, c'est-à-dire pour
cinq siècles ! Quelle fête pour un artiste amoureux de
son art jusqu'à l'enthousiasme ! Quelle heureuse fortune pour un jeune architecte de 1808, élevé à l'é-
cole de Charles Percier ! Leclère sut mettre à profit le
temps à la fois si court et si long de la pension aca-
démique. Il employa toute l'année 1809 à explorer
les grandes ruines de la ville éternelle ; à mesurer,
à relever, à dessiner les plus beaux exemples de
l'architecture des Romains, pour en étudier les principes et tâcher de s'en approprier le style. En 1810,

il fit un voyage à Naples ; en 1811 , il parcourut la Toscane ; enfin de retour à Rome , en 1812 et 1813, il s'occupa de son projet de restauration du Panthéon d'Agrippa, cette chose à la fois si simple et si grande, a dit Dupaty, « qu'on la saisit et on la retient comme un beau vers de Corneille. »

Toutes les études faites en Italie par Leclère se sont traduites par une série de beaux travaux que ses contemporains se rappellent encore, et qu'ils ne craignent pas de placer au premier rang parmi les plus intéressants qu'aient produits l'école de Rome ; mais l'envoi de cinquième année d'Achille Leclère , son essai de restauration du Panthéon, fit une véritable sensation alors parmi les artistes , et il est encore cité aujourd'hui comme une des plus remarquables études de ce genre. Ce travail devint le modèle des belles *restaurations* envoyées depuis par les plus habiles pensionnaires, successeurs de Leclère.

De retour dans son pays, Leclère visita le midi de la France, où il savait retrouver encore quelques-uns de ces bien-aimés monuments de l'antiquité romaine, objets de sa vive et constante admiration ; puis, après avoir dit adieu à ces belles provinces, dont le ciel et les précieuses ruines purent si bien lui rappeler sa chère Italie, il se mit en route pour Paris, sa ville natale, où il arriva pendant les jours néfastes de la première invasion, le 7 mars 1814. Pour un jeune architecte, désireux de mettre au plus tôt à profit son activité et ses talents, c'était bien mal choisir son

heure que de débuter ainsi au milieu des discordes
civiles et des graves préoccupations de cette époque;
Leclère le comprit aussitôt, et son parti fut bientôt
pris. Au lieu d'appliquer son esprit à des conceptions
dont la réalisation matérielle eût été si loin des idées
d'alors, il songea à faire profiter les autres du talent
et de l'expérience qu'il avait su acquérir; il se voua à
l'enseignement de l'art dont il avait si consciencieu-
sement étudié les grands principes. Ouvert dès 1815,
l'atelier de Leclère compta bientôt un assez grand
nombre d'élèves Soit qu'on considérât l'habile pen-
sionnaire de Rome, soit qu'on vît en lui le disciple
préféré de l'illustre Percier, on accourait avec em-
pressement aux leçons d'un professeur qui avait dû res-
ter fidèle aux traditions de la grande école, et qui pou-
vait être considéré à bon droit non encore comme le
continuateur du maître, mais déjà comme un de ses
meilleurs lieutenants.

Cependant la paix de l'Europe ayant ramené la con-
fiance et le calme dans les esprits, les affaires repri-
rent bientôt quelque activité, et Leclère ne tarda pas à
s'en ressentir. Pendant les premières années de la
Restauration il construisit ou restaura en province
plusieurs châteaux, et éleva à Paris même un certain
nombre d'habitations particulières. On peut citer
parmi les plus importantes de ces opérations les travaux qu'il fit exécuter dans les châteaux de Mouthu-
chel, de Bandeville et de Verneuil, et la restauration
de l'hôtel de M. le comte Pourtalès, à Paris. En 1820,

Leclère fut chargé de la partie architecturale du monument élevé à Saint-Florent, à la mémoire du général Bonchamps. En 1821, il restaura le château de M. le comte de Chastellus. En 1822, ayant eu à construire une chapelle pour le couvent du Sacré-Cœur, à Paris, il décora ce petit édifice en imitation des églises d'Italie, au moyen de marbres précieux dont il fit un judicieux emploi, et de peintures murales dont l'exécution fut confiée à son vieux camarade Abel de Pujol. C'est aussi à Leclère qu'on doit la seconde chapelle, élevée dans le jardin de ce couvent et le cloître qui fut construit à la même époque. La construction d'une partie du château de M. d'Harcourt, à Metz, et l'importante restauration du château de M. de Montesquiou, à Villebois, datent aussi de ce temps-là.

En 1823, Leclère fut appelé par le préfet de la Seine à présenter un projet pour l'église Notre-Dame-de-Lorette, dont la construction était alors projetée. Toutefois il ne s'agissait pour lui que de prendre part à un concours ouvert par l'administration municipale. Parmi les projets présentés, le sien fut considéré comme un des meilleurs ; mais plus habile ou plus heureux, M. Lebas l'emporta sur ses compétiteurs, et Leclère ne réussit dans cette circonstance qu'à donner à ses confrères une nouvelle preuve de son talent.

Les années 1824 et 1825 furent remplies, pour l'honorable artiste qui fait l'objet de cette notice, par les

soins qu'il donna au tracé du nouveau quartier Pois-
sonnière et aux percements des rues nouvelles qui
devaient le composer. C'est à cette époque qu'il donna les plans de la plupart des maisons de la place
Lafayette et qu'il construisit celle qui forme l'angle
de cette place et de la rue du même nom. Ces travaux
furent exécutés simultanément avec la construction
des maisons d'habitation de MM. Blondel et Abel de
Pujol, rue Albouy, et celle du château de M. le comte
de Nicolaï, à Montfort, lequel édifié tout en pierre et
avec le plus grand soin, est une des meilleures pro-
ductions de Leclère. Il faut encore citer, avant de
clore cette liste déjà longue, les principaux travaux
exécutés de 1828 à 1845 par cet architecte, tels que la
construction du château de Mareuil, plusieurs maisons d'habitation à Paris; enfin de vastes magasins
construits rue du Sentier, pour MM. Boissaye et
Francœur, et destinés au commerce de ce quartier.

Il n'a été donné à Leclère d'attacher son nom qu'à
un seul monument, celui élevé dans le cimetière du
Père-Lachaise, pour servir de tombeau à l'illustre
Casimir Périer. L'ordonnance et les heureuses pro-
portions de cet édifice jointes au soin extrême apporté
jusque dans les moindres détails de l'exécution, doivent faire regretter que l'artiste n'ait pas eu plus sou-
vent l'occasion de mettre ainsi publiquement en lu-
mière les heureuses qualités de son talent.

Toutefois, Leclère ne donna pas tout son temps, il
s'en faut, aux soins de sa clientèle; les affaires pro-

prement dites furent toujours subordonnées chez lui et aux intérêts plus élevés de son art et aux devoirs que le professeur s'était imposés.

Nous avons laissé l'artiste au milieu des nombreux élèves qui s'étaient groupés autour de lui peu de temps après son retour de Rome ; retournons auprès du jeune maître pour le suivre encore, mais cette fois, dans l'autre voie plus brillante et non moins utile de la carrière qu'il a parcourue.

L'atelier de Leclère s'étant bien vite distingué par ses succès académiques, dès le 5 novembre 1818, son professeur était appelé à faire partie du jury de l'École d'architecture, en remplacement de M. Bonnard. Leclère fut nommé membre de l'Institut en 1831, chevalier de la Légion d'honneur en 1832, membre honoraire du conseil des bâtiments civils en 1833, et membre titulaire et inspecteur général en 1840. Au conseil des bâtiments civils, Leclère, qui apportait toujours dans l'exercice des fonctions qui lui étaient confiées le zèle d'un homme consciencieux, en même temps que les lumières d'un homme de goût et expérimenté, rendit de grands services aux intérêts généraux de l'art, et l'on peut dire que sa mort serait une véritable perte pour l'administration, si sa place n'était si bien occupée aujourd'hui par l'éminent artiste qu'on vient de lui donner pour successeur.

Enfin, en 1847, Leclère fut nommé secrétaire archiviste de la section d'architecture. En cette qualité, son premier soin fut de s'occuper activement du classement des projets couronnés, enfouis en si grand nombre dans les portefeuilles de l'École, et c'est à lui que les élèves doivent de pouvoir consulter facilement aujourd'hui cette volumineuse et intéressante collection.

Pendant les dernières années de sa vie, Leclère tout entier à ses fonctions d'inspecteur général et à ses devoirs d'académicien, avait à peu près renoncé à sa clientèle. Semblable à ces vieux docteurs qui ne font plus de médecine que pour leurs vieux amis, il n'était resté l'architecte que des seules personnes auxquelles l'attachaient depuis longtemps des liens d'amitié ou de camaraderie. Bien différent de ces hommes insatiables chez qui l'amour du gain résiste à la fortune même et ne s'éteint qu'avec la vie, Leclère sut se contenter de bonne heure d'une honnête aisance, fruit de son travail. Plus sage et plus digne il laissa s'écouler tranquillement loin du tracas des affaires une trop courte vieillesse qu'il put ainsi consacrer encore à la culture d'un art qu'il n'avait pas cessé d'aimer par-dessus tout.

Comme architecte, Leclère imbu des idées de l'école célèbre dont il était sorti, avait des principes très nettement arrêtés. Il fut un des plus zélés partisans des doctrines classiques du commencement de notre siècle. A ses yeux en effet l'antiquité n'était pas seulement une des sources précieuses auxquelles on doit demander des enseignements et des leçons, elle de-

vait être pour l'artiste l'unique objet de ses médita-
tions et de ses études. Les monuments de la Grèce et
de Rome, admirables expressions, il est vrai, du beau
en architecture, étaient tout simplement pour lui le
triomphe et le dernier mot de l'art monumental, et à
ce titre autant de modèles non-seulement à consulter,
mais à suivre.

Par bonheur, ces idées exclusives n'étaient pas toujours dominantes chez Leclère ou, pour mieux dire,
il y avait en lui deux hommes très distincts : d'une
part l'artiste aux convictions profondes resté fidèle
quand même au drapeau du vieux Percier, de l'autre
le professeur intelligent qui tout en exerçant sur ses
élèves une influence bien légitime, savait laisser à
tous leur indépendance et provoquer même au be-
soin chez chacun la libre manifestation de son senti-
ment particulier [1].

---

[1] Pendant 38 ans qu'il a été ouvert à la jeunesse, l'atelier Leclère
a dû produire un nombre assez considérable d'hommes distingués dont
la liste exacte placée en regard de cette courte notice, serait pour la
mémoire du professeur un hommage très-significatif; malheureusement
nous manquons à cet égard de renseignements détaillés. Toutefois
comme nos souvenirs personnels nous fournissent quelques noms bien
connus du public artiste, nous allons les donner ici, non dans l'ordre
chronologique que nous ne connaissons pas, mais dans l'ordre alpha-
bétique. Ces noms sont les suivants : M. Abadie, aujourd'hui architecte
des monuments historiques et des édifices diocésains—M. Desbuisson,
grand prix de 1844. — M. Godebœuf (élève aussi de M. Blouet),
second grand prix de 1836 et actuellement architecte du ministère de
l'intérieur. — Jules Goury , mort du choléra à Grenade , en 1834 ,
tandis qu'il était occupé à préparer les dessins originaux du bel ouvrage

Nous n'avons plus qu'une date à inscrire ici, c'est la date funèbre. Leclère dont la vie avait été si bien remplie, mourut à Paris le 23 décembre 1853, à peine entré dans la 69ᵉ année de son âge, entouré des soins affectueux de sa famille et de ses amis, laissant après lui dans le monde une sœur qui ne l'avait jamais quitté et sa vieille mère qui a la douleur de lui survivre.

Nous avons rapporté tous les faits importants de la vie d'Achille Leclère ; il nous reste à dire, —ce que tout le monde sait d'ailleurs,—que l'artiste distingué dont nous avons raconté les travaux, le professeur habile qui se dévoua pendant près de quarante années à l'enseignement de son art, était avant tout un homme honnête, modeste, bienveillant ; un cœur dévoué que ses amis pleurent encore et regretteront toujours ; un noble caractère enfin auquel nous sommes heureux de pouvoir rendre humblement hommage, et pour notre propre compte et au nom de la profession qu'il a si longtemps honorée.

sur l'Alhambra, publié par son ami et collaborateur M. Owen Jones. — M. Isabelle, auteur de la belle publication intitulée *les Édifices circulaires et les Dômes de l'Italie*, un des premiers et des meilleurs élèves de l'atelier Leclère et qui fut jusqu'au dernier jour l'ami intime de son professeur. — M. Morey, grand-prix de 1831, aujourd'hui architecte de la ville de Nancy. — Enfin (qui le croirait ?), M. Viollet-le-Duc que, par une singulière anomalie, la lettre initiale de son nom condamne à figurer le dernier sur cette liste.